AF197710

Dieses Buch hat gefunden:

_____

FERNANDEZ

Frohe Ostern!

LAPPAN

Osterhase

Wer kommt denn da zur Osterfeier?
Im Gepäck zwei dicke Eier!

Ist's der Nachbar? Ist's mein Schatz?
Ich bitt ihn rein und er nimmt Platz.

Er trinkt bewusst zwei, drei Liköre
und knabbert frech an einer Möhre!

Jetzt wird's mir klar, ich kenn die Nase!
Es ist der süße Osterhase!

M. Lampe

Frühling

Die Bäume im Ofen lodern.
Die Vögel locken am Grill.
Die Sonnenschirme vermodern.
Im übrigen ist es still.

Es stecken die Spargel aus Dosen
die zarten Köpfchen hervor.
Bunt ranken sich künstliche Rosen
in Faschingsgirlanden empor.

Ein Etwas, wie Glockenklingen,
den Oberkellner bewegt,
mir tausend Eier zu bringen,
von Osterstören gelegt.

Ein süßer Duft von Havanna
verweht in ringelnder Spur.
Ich fühle an meiner Susanna
erwachende neue Natur.

Es lohnt sich manchmal, zu lieben,
was kommt, nicht ist oder war.
Ein Frühlingsgedicht, geschrieben
im kältesten Februar.

Joachim Ringelnatz

OSTERN FRÜHER

OSTERN HEUTE

Es wettet mit dem Weihnachtsmann,
der Hase, dass er schenken kann.

Die Wette gilt, der Hase denkt,
was hat der Mann noch nicht verschenkt?

Meine Löffel, diese alten,
will ich eigentlich behalten.

Lebkuchen, ja, der fällt aus,
den verschenkt der Nikolaus.

Einen Gutschein von den Kindern
will ich unbedingt verhindern.

Ich will was Buntes, Schnelles, Helles,
auf jeden Fall was Originelles.

Wer kann denn da was für mich tun?
Ich frag mal drüben Hertha Huhn.

Die hat zwar keinen blassen Schimmer,
doch Eier hat sie wirklich immer.

Die pack ich ein, die mach ich bunt,
jetzt ist die Sache Ostern rund!

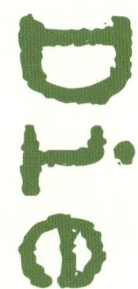

Die Wette

Horst Mümmelmann

Osterfeuer

Gar nicht weit von dem Gemäuer,
findet er das Osterfeuer.

Es lodert heiß, es brennet hell,
jetzt nicht zu nah – das gute Fell!

Mist! Denkt sich der kleine Nager,
zu nah an meinem Eierlager!

Doch der Hase ganz schön schlau,
verschenkt zu Ostern jetzt Kakao.

Veronika Lenz

KROKUS

Krokus, Krokus, kleine Pflanze,
für dich brech' ich meine Lanze!

Weiß und zart und frisch im Duft,
sodass es mich im Herzen knufft.

Flora Gärtner

Osterhäslein

Drunten an der Gartenmauer
hab' ich sehn das Häslein lauern.
Eins, zwei, drei: legt's ein Ei,
lang wird's nimmer dauern.

Kinder, lasst uns niederducken!
Seht ihr's ängstlich um sich gucken?
Ei, da hüpft's und dort schlüpft's
durch die Mauerlucken.

Und nun sucht in allen Ecken,
wo die schönsten Eier stecken,
rot und blau, und grün und grau
und mit Marmorflecken.

Friedrich Güll

Wer hat sie noch?

Morgen ist die große Feier,
woher krieg ich jetzt noch Eier?

Vielleicht hat sie mein Nachbar Meier?
Hat er nicht! Vielleicht der Reiher?
Der allerdings schickt mich zum Geier.

Doch der Geier, welch Blamage,
hat Eier nicht, sondern Courage.

Traute Mumm

Der letzte Ostertag

Fünf Hasen, die saßen beisammen dicht.
Es macht ein jeder ein traurig Gesicht.
Sie jammern und weinen:
die Sonn' will nicht scheinen!

Bei so vielem Regen,
wie kann man da legen
den Kindern das Ei?
O weih, o weih!

Da sagte der König:
So schweigt doch ein wenig!
Lasst Weinen und Sorgen.
Wir legen sie morgen!

Heinrich Hoffmann

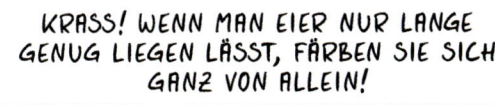

Herta Huhn

Alle freu'n sich auf das Fest,
nur Herta sucht in ihrem Nest,

nach ihren selbst gelegten Eiern
sie sind nicht da, sie fühlt sich bleiern.

Sie sucht und sucht und welch ein Jammer,
sie sind weg, nicht in der Kammer.

Hertha H.

Eierlikör

Ein Likör, so gelb wie Sonne,
läuft mir runter, große Wonne!

Schwankend geh ich Eier suchen,
konnt' noch kein' Erfolg verbuchen!

Setz mich aufs Sofa, auf das gute,
da wird mir merkwürdig zumute!

Gelb und klebrig ist die Hose,
am Po ist nun die Eiersoße!

Gemerkt hats keiner, welch ein Glück,
ich geh' wohl mal nach Haus zurück.

Klara Fusel

Miguel Fernandez

packt die Themen in seinen Cartoons bei den Eiern und liefert als selbständiger Illustrator, Comiczeichner und Cartoonist regelmäßig feinsten Humor, bei dem man die Pointen nicht lange suchen muss. Privat hat Fernandez sein Glück in der Nähe von Hannover gefunden.

Mehr von und über Miguel Fernandez gibt es auf www.gegen-den-strich.com

2. Auflage 2020

Frohe Ostern!

Textnachweise:
Friedrich Güll: Osterhäslein
Antje Haubner & Jana Legal: Osterfeuer, Die Wette, Wer hat sie noch?
Heinrich Hoffmann: Der letzte Ostertag
Jana Legal: Osterhase, Herta Huhn, Krokus, Eierlikör
Joachim Ringelnatz: Frühling

Originalausgabe

Redaktion: Jana Legal
Herstellung: Ralf Wagner

ISBN 978-3-8303-6365-1

Printed by Livonia Print, Latvia.

MIX
Papier aus verantwor-
tungsvollen Quellen
FSC® C002795

Triff uns auf facebook.com/lappanverlag und auf instragram.com/lappanverlag

www.lappan.de

www.carlsen.de

Bücher, die Spaß bringen!

ISBN: 978-3-8303-6329-3

ISBN: 978-3-8303-4352-3

ISBN: 978-3-8303-6344-6

ISBN: 978-3-8303-4484-1

www.lappan.de